# LES FRA-MAÇONNES.

## PARODIE

### DE L'ACTE DES AMAZONNES;

Dans l'Opéra des Fêtes de l'Amour
& de l'Himen.

### EN UN ACTE.

Représentée pour la premiere fois sur le Théàtre de la
Foire S. Laurent, le 28 Août 1754.

...... Ridendo, dicere verum.
Quid vetat ?

Le prix est de 24 f. avec la Musique.

### A PARIS;

Chez DUCHESNE, Libraire, rue Saint Jacques,
au-dessous de la Fontaine Saint Benoît,
au Temple du Goût.

M. DCC. LIV.
Avec Approbation & Privilège du Roi.

## ACTEURS.

LE VENERABLE,     M. Deschamps.

LE premier SURVEILLANT,     M. De l'Isle.

HORTENSE,     Mlle. Deschamps.

MARINE,     Mlle. Deschamps Cadette.

LE second SURVEILLANT,     M. La Ruette.

Troupe de Francs-Maçons.

Troupe de Femmes.

# LES
# FRA - MAÇONNES.
## PARODIE,
## EN UN ACTE.

## SCENE PREMIERE.

LE VENERABLE, LE SURVEILLANT.

### LE VENERABLE.

AIR. *Non, je ne ferai pas.*

H bien, tout est-il prêt pour la cérémonie ?

### LE SURVEILLANT.

Oui, Maître, vous pouvez compter sur mon génie ;

A ij

A suivre vos désirs les Francs-Maçons zélés,
Sont déja, par mes soins, en ces lieux rassemblés.

### LE VENERABLE.

Air. *Ton humeur est, Catherine.*

Je craignois, par quelque obstacle,
Qu'ils ne soient tous arrêtés,
Ou qu'ils ne soient au Spectacle
Conduits par les nouveautés :
J'aurois remis notre affaire
A demain, sans nul détour ;
Car je sçais qu'à présent, Frère,
Les nouveautés n'ont qu'un Jour.

Air. *Menuet de Grandval.*

Cependant j'ai l'ame ravie
Que tous mes projets soient suivis.
Commençons la cérémonie ;
Dans l'instant nous serons servis.

### LE SURVEILLANT.

Air. *La bonne avanture.*

Aurons-nous un bon repas ?

### LE VENERABLE.

Oui, je t'en assure ;

# PARODIE.

### LE SURVEILLANT.

J'ai vu des ragouts là-bas
D'assez bon augure :

### LE VENERABLE.

Nous recevons l'héritier
D'un vieux Marchand Usurier :

### LE SURVEILLANT.

La bonne aventure !
Oh gué : la bonne aventure.

AIR. *Mais comment ses yeux sont humides.*

Mais sçavez-vous, mon Vénérable,
Qu'une cohorte redoutable
Veut nous jouer un méchant tour ?
Je viens, en surveillant habile,
D'apprendre en parcourant la Ville,
Que trente femmes en ce jour
Doivent forcer nôtre séjour.

### LE VENERABLE.

Des femmes sçavoir nos mystères !
Et quelles sont ces téméraires ?

### LE SURVEILLANT.

Ce sont celles qui dans Paris
Font la ressource des maris ;

LES FRA-MAÇONNES,

Qui sçavent, à force d'adresse,
Dégourdir la belle jeunesse;
Mais qui sur les pas du plaisir,
Guident souvent le repentir.

### LE VENERABLE.

AIR. *Du Prévôt des Marchands.*

En ces lieux qui conduit leurs pas ?

### LE SURVEILLANT.

C'est cet objet si plein d'appas,
Cette Hortense, que l'on admire
Beaucoup moins que ses diamans,
Et qui, crainte de la satyre,
Se contente de six amans.

### LE VENERABLE.

AIR. *Je n'y puis rien comprendre.*

Hortense ! Oh Ciel ! Que me dis-tu ?
Cette Hortense !

### LE SURVEILLANT.

Eh bien !

### LE VENERABLE.

Qu'elle est belle !

## PARODIE.

#### LE SURVEILLANT.

Quoi, votre cœur est abbattu !
Vous aimez cette Péronelle.

#### LE VENERABLE.

Non, je la hais.
*à part.*      Qu'elle a d'attraits !

#### LE SURVEILLANT.

Vous l'aimez : allons, Frère,
Je vois que de votre argent frais
Vous voulez vous défaire.

    AIR. *Ma raison s'en va bon train.*

Mais quoi, ce minois trompeur
Toucheroit-il votre cœur ?
Si vous pouviez voir
Quel est le sçavoir
De toutes ces coquettes ;
Allez, leurs appas chaque soir
*bis.*      Restent sur leurs toilettes, lon la.

    AIR. *Ne V'là-t'il pas que j'aime.*

Hortense ne mérite pas
Cette cruelle injure ;
Rien à ses yeux n'a plus d'appas
Que la simple nature.

## LES FRA-MAÇONNES,

Air. *C'est Mademoiselle Manon.*

Par ses petits talens
Sur-tout elle m'enchante ;
Toujours ses vêtemens
Sont riches & galans ;
Elle fait des nœuds,
Chante au mieux,
Sçait jouer des yeux ;
Pour persifler les gens
Elle est toute excellente.
Son goût est exquis ;
Nos Marquis sont par elle instruits,
Ce qui fait qu'à Paris
Sa conquête est de prix.

## LE SURVEILLANT.

Air. *A la façon de Barbary.*

Eh bien, soyez-en amoureux ;
Mais si jamais, mon Frère,
Elle ose conduire en ces lieux
Sa troupe téméraire,
Nous n'entendrons point de raison,
La faridondaine, la faridondon ;
Nous les arrangerons ici, biribi,
A la façon de Barbari mon ami.

## LE VENERABLE.

Air. *De tous les Capucins du monde.*

Garde-toi de leur faire injure.

# PARODIE.

### LE SURVEILLANT.

Je veux les rendre à la nature;
Je veux que d'un fard spécieux
Leurs figures soient dépouillées :

### LE VENERABLE.

Combien de femmes en ces lieux
Craindroient d'être débarbouillées !

Air. *La béquille du Pere Barnaba.*

Mais pourquoi les bannir
De nos secrets Mystères ?

### LE SURVEILLANT.

Pensez-vous qu'au plaisir
Elles soient nécessaires ?

### LE VENERABLE.

Ce sexe né pour plaire
Mérite quelque soin ;

### LE SURVEILLANT.

Moi, je n'en ai que faire.

### LE VENERABLE.

Moi, j'en ai grand besoin.

LES FRA-MAÇONNES,

Air. N°. 1. *Printems, dans nos boccages.*

Dans les beaux yeux d'Hortense
L'amour plaça ses traits ;
Son aimable présence
Enchaîne pour jamais.
Si tu la voyois,
Tu céderois à sa puissance ;
Si tu la voyois,
Tu céderois, & tu dirois :
Dans les beaux yeux d'Hortense
L'amour plaça ses traits ;
Son aimable présence
M'enchaîne pour jamais.

## LE SURVEILLANT.

Air. *La beauté sauvage.*

*Ce sexe n'aspire
Qu'à nous asservir ;*

## LE VENERABLE.

Mais sous son Empire
Régne le plaisir.

## LE SURVEILLANT.

Que dites-vous ?
Ce sont les foux
Qui vantent sa tendresse.
Par ses travers,
Par ses grands airs

## PARODIE.

Il sçait nous émouvoir :
C'est nôtre foiblesse
Qui fait son pouvoir.

### LE VENERABLE.

AIR. *L'amant frivole & volage.*

Le jeune enfant de Cythère
N'a pas toujours un bandeau ;
La vertu souvent l'éclaire
Et lui prête son flambeau :
En adorant une femme
On peut honorer son cœur,
Dès-lors qu'il éleve l'ame,
L'amour n'est plus une erreur.

AIR. *Dans un bois solitaire & sombre.*

Vas donner l'ordre nécessaire
Pour prévenir tout incident,
Et qu'en ces lieux, la loge entiere
Se réunisse dans l'instant.

---

## SCENE II.

### LE VENERABLE, *seul.*

AIR. *Pour passer doucement la vie.*

QU'AI-JE appris ? Se peut-il qu'Hortense
Veuille pénétrer en ces lieux ?
Des Frères je crains la vengeance ;
Pour la voir que n'ont-ils mes yeux !

AIR. *Reveillez-vous, belle endormie.*

Mais j'apperçois déja nos Frères
Pensons à notre dignité,
Et pour commencer nos mystères,
Reprenons notre gravité.

---

# SCENE III.

LE VENERABLE, Le I. & le II. SURVEILLANT, L'ORATEUR, LE RECIPIENDAIRE. *Troupe de Francs-Maçons en habits de cérémonie.*

## LES DEUX SURVEILLANS.

AIR. Nº. 2. *Marche des Satyres de l'Opéra.*

C'EST ce jour
Que vous aurez votre tour ;
Mais avant de vous recevoir,
Il faut sçavoir
Quel sera votre devoir.
Avançons,
Commençons ;
Loin d'ici tout Prophane :
Nos secrets
Veulent des gens discrets.
Votre cœur

# PARODIE.

Doit redoubler sa ferveur.
Sçachez donc comme il faut marcher,
   Parler,
   Toucher ;
Et puis nous vous apprendrons
Comment nous reconnoissons
Les fidelles Maçons.

*Ici les Francs-Maçons font quelques cérémonies ; & lorsque le Récipiendaire se trouve au milieu conduit par l'Orateur, le Vénérable s'approche de lui, & lui dit :*

AIR. *Or écoutez petits & grands.*

Mon frère, je vais à vos yeux
Découvrir ce secret fameux ;
Ce secret, ce profond mystère,
Respecté de toute la terre :
C'est. . . . .
    *On entend un grand bruit.*

## SCENE IV.

LE VENERABLE, *les Acteurs précédens*, HORTENSE, MARINE, *Troupe de femmes de la suite d'*HORTENSE.

*Les femmes derriere le Théâtre.*

POUSSONS, poussons fort,
Jettons la porte à terre;
Poussons, poussons, poussons fort.

### LE SURVEILLANT.

AIR. *La pierre sitoise.*

Ciel ! qui peut causer de tels transports !

HORTENSE, *en entrant avec sa suite.*

Faisons tout céder à nos efforts.

### LE SURVEILLANT.

Quoi, des femmes entrer ! quel démon !
Allons vîte, sortez, sortez donc.

### HORTENSE.

Non.

# PARODIE.

### LE SURVEILLANT.

Freres, venez tous,
Défendons-nous.

### CHŒUR DE FEMMES.

Ah, nous entrerons.

### CHŒUR DE FRANCS-MAÇONS.

Nous le verrons.

### CHŒUR DE FEMMES.

Nous entrerons.

### HORTENSE.

Arrêtez, Meſſieurs, y penſez-vous ?
Ayez un peu plus d'égard pour nous.
On ne m'a jamais reçuë ainſi :
Nous ne ſortirons point d'ici.

### LE VENERABLE.

Si.

### HORTENSE.

AIR. *Que craignez-vous, charmante Reine.*

Que craignez-vous, mon vénérable,
On ne fuit point l'amour quand on eſt beau garçon.
*bis.*

LE SURVEILLANT.

AIR. *Reçoi dans ton galetas.*

Sortez vîte de ces lieux,
Ne troublez plus nos mystères :

HORTENSE,

Que sert d'être furieux ?

LE SURVEILLANT.

Elle ose nous braver, mes Frères !
Allons : de leur témérités,
Il faut les punir.

LE VENERABLE.

Arrêtez.

CHŒUR D'HOMMES.

Il faut les punir.

CHŒUR DE FEMMES.

Arrêtez.

LE VENERABLE.

AIR. *Quand un tendron vient en ces lieux.*

De grace sortez de ces lieux,
Croyez-m'en, belle Hortense.

HORTENSE.

# PARODIE.

### HORTENSE.

Pourquoi ce ton myſtérieux ?
Craignez-vous ma préſence ?
Je vois que votre amuſement
   N'eſt pas décent.
Oui, c'eſt cela, là, là.

### LE VENERABLE.

Oh, oh, ah, ah, ah, ah !

### HORTENSE.

Vous cacheriez-vous ſans cela là, là.

### LE VENERABLE.

AIR. *Sous un Ormeau.*

Un tel ſoupçon
N'eſt pas dicté par la raiſon ;
   Oui c'eſt un affront,
   Mais tout de bon
   Sortez donc.

### HORTENSE.

            Non.
   Je veux d'abord ſçavoir
   Quel devoir.

### LE VENERABLE.

Je ſuis au déſeſpoir ;
La ſeule liberté
Fait ici notre félicité,

B

Et dans ces lieux
Nous goutons loin de tous fâcheux
Des momens heurex
Que troubleroient vos beaux yeux.

### HORTENSE.

Dieux !

Air. *Des petits ballets.* N°. 3.

Eh pourquoi nous éloignez-vous,
Pourquoi montrer tant de courroux ;
Eh pourquoi nous éloignez-vous,
D'un plaisir qui nous paroît si doux : *fin.*
Les ris & les jeux
Suivent nos traces :
Est-on heureux
En chassant les graces ;
Sans nous, en ces lieux
Tout est ennuyeux.
Il n'est point de plaisirs
Pour qui vit sans desirs.
Eh pourquoi nous éloignez-vous, &c.

### LE VENERABLE.

Air. *Pour soumettre mon âme.*

Nous avons des mystéres,
Il faut garder un secret :
Votre sexe, mes cheres,
Par goût n'est pas fort discret :

# PARODIE.

Mille soins sous vôtre empire
Empoisonnent nos beaux jours.

## HORTENSE.

De nous vous pouvez médire,
Vous y reviendrez toûjours.

AIR. *Si des Galands de la Ville.*

Les Femmes, mon cher grand maître
Même en vous donnant des fers
Sont des fleurs qu'Amour fit naître
Pour embellir l'Univers.

La discorde, ou la tristesse
Sans nous, occupent vos jours ;
Nous apportons l'allegresse,
Nous reveillons les amours.

Les Femmes, &c.
Quelquefois, sous notre chaîne
Il en coute des soupirs,
Mais quand on connoît la peine.  *bis.*
On sent bien mieux les plaisirs.

Les femmes, &c.

## LE SURVEILLANT.

AIR. *Entre l'amour & la raison.*

Cessez ces propos ennuyeux.

## MARINE.

Oui, fortons, nous ferons bien mieux.

## HORTENSE.

Marine, voulez-vous vous taire.

## MARINE.

Ne point parler, mais on rira.

## HORTENSE.

Mais vous fçavez qu'à l'Opera
Ofiris fait feul fon affaire.

Air. *Tout roule aujourd'hui dans le monde.*

Tant en cabriolets qu'en diables,
J'ai fait voiturer en ces lieux
Bon nombre de Nymphes aimables;
Vous pouvez leur offrir vos vœux.
Rien n'eft fi beau que leur conduite :
Aimez-les, vous ne rifquez rien ;
Je vous ai fait choifir l'élite
Des Princeffes du magazin.

Air. *Allons gay.*

Mais pourquoi ce filence ?
Réverez-vous toujours ?
Comment chacun balance
A fuivre les Amours :
Allons gay,
Toûjours gay,
D'un air gay.

## PARODIE.

### LE SURVEILLANT.

Air. *Ceci sort peu m'embarasse.*

Oui, morbleu de ce silence ;
J'ai tout lieu d'être en courroux,
Comment frere, leur présence
Vous a-t'elle troublez tous ?

### HORTENSE.

Pense-t'il par sa grimace
Nous inspirer de l'effroy,
Sa voix dure & sa disgrace
Me font rire malgré moy.

### LE SURVEILLANT.

Air. *Tambour d'amour.*
Braves Francs-Maçons,
Suivez mes leçons ;
Par de cruels affronts
Vengeons notre injure,
Sans aucun égard
Otons-leur ce fard,
Qui sçait avec tant d'art
Voiler la nature.

### LE VENERABLE.

Cruels, arrêtés,
Si jamais vous m'irritez
De tant de témérités...

## LES FRA-MAÇONNES,

#### LE SURVEILLANT.

Menace vaine,
Suivez tous mes pas,
Perdons ces trompeurs appas.

#### LE VENERABLE, *à Hortense*.

Je tremble pour vous, ma Reyne,

#### HORTENSE.

Je ne les crains pas.

*Les Francs-Maçons sortent conduits par les deux Surveillans.*

---

## SCENE V.

## LE VENERABLE, HORTENSE, & sa suite.

#### HORTENSE.

AIR. *Que chacun de nous se livre.*

OUI, bientôt par ma prudence
Leur fureur s'appaisera :
Suivons dans cette occurrence
Les leçons de l'Opéra.

# PARODIE.

Ses ressources sont fort bonnes ;
C'est par de petits présens
Qu'Oziris des Amazones
Fait changer les sentimens.

AIR. *Mais comment ses yeux sont humides.*

Apportez-moi, mes Demoiselles,
Des nœuds d'épée, & des dentelles ;
N'oubliez pas les grands chapeaux,
Les redingottes en chenille,
Pour courir le matin la Ville :
Les fouets, les petits couteaux,
Les cocardes pour les chevaux,
Les grandes cannes en usage ;
Car tous cela sied au visage,
Surtout apportez des liqueurs,
    Des fleurs,
Des bouteilles d'odeurs,
Des canapés, de longues chaises
Pour leur procurer tous leurs aises ;
Enfin, il faut de leur prison,
Faire une petite maison.

*La suite d'Hortense sort.*

## SCENE VI.

### LE VENERABLE, HORTENSE.

#### LE VENERABLE.

*Air. Madame en vérité.*

A nos loix, malgré mon courroux
Vous me rendez parjure.

#### HORTENSE.

Comment, je suis seul avec vous ?
Quelle heureuse avanture ?
Nous serons plus en liberté :
Allons découvrez-moi votre âme.

#### LE VENERABLE.

Qui ? moi Madame,
Eh, mais en vérité,
Vous avez bien de la bonté.

#### HORTENSE.

*Menuet d'Hésione.*

Pourquoi nous faites-vous l'injure
De nous bannir ?

#### LE VENERABLE.

              Ce sont nos loix.

## PARODIE.
### HORTENSE.

Vos loix outragent la nature,
N'en croyez jamais que sa voix.

AIR. *J'aime une ingrate beauté.*

Elle a formé les doux nœuds
Qui nous joignent l'un à l'autre.
Votre sexe n'est heureux,
Qu'alors qu'il s'unit au nôtre.
Il en coute à vos cœurs,
Quelque soin pour nous plaire ;
Mais on n'obtient des fleurs
Qu'en arrosant la terre.

### LE VENERABLE.

AIR. *Des favoris de la gloire.*

Votre adresse séduisante
Ressemble sexe imposteur,
Aux feux que la terre enfante
Pour tromper le voyageur ;
Il se perd suivant ces guides ;
L'espoir aide à son erreur :
Ainsi, vos faveurs perfides
Nous éloignent du bonheur.

AIR. *Ture lure.*

Nous jouissons en ces lieux
D'une paix tranquille & pure :
Sans vous, nous sommes heureux.

### HORTENSE.
Turelure.

J'en doute à votre encolure,
Robin turelurre, turelurre.

Air. *Ce ruisseau, qui dans la plaine.*

Loin d'un sexe né pour plaire,
Quel est donc votre plaisir ?
La paix qui vous est si chère
Vaut-elle un tendre desir ?
Un Amant près de sa belle
Méprise la liberté,
La douceur d'être aimée d'elle
Le mene à la volupté.
Plus un tendre amour l'engage,
Plus l'yvresse de son cœur

*bis.*     Lui dit qu'un doux esclavage,
      Est l'image
      Du bonheur.

### LE VENERABLE.

Air. *J'aime une jeune Brunette.*

Oui, mon cœur pourroit se rendre
Au jeune enfant de Cypris,
Si de l'ardeur la plus tendre,
Le bonheur étoit le prix,
Mais d'abord, c'est l'artifice
Qui fait naître nos desirs,
Et bientôt un vain caprice
Empoisonne nos plaisirs.

# PARODIE.

## HORTENSE.

AIR. *A notre bonheur l'Amour préside.*

Pour deux cœurs qu'un tendre amour enflamme,
Un caprice est un moment heureux,
Ils se quittent, mais au fond de l'âme
Ils brûlent de resserrer leurs nœuds :
A leurs transports, le calme succéde,
La Maîtresse céde,
Et de son amour
L'Amant prend bientôt un nouveau gage,
C'est après l'orage
L'éclat d'un beau jour.

## LE VENERABLE.

AIR. *Tout parle amour.*

Je veux envain me deffendre,
Il faut me rendre
A vos accens :
Ils ont enchanté mes sens ;
Vous voyez l'Amant le plus tendre ;
Oui, mon cœur, dans ce beau jour
Connoît l'Amour,
Cede à l'Amour.

AIR. *Babet que t'es gentille.*

Par un aveu flatteur,
Répondez à ma flamme ;
Non, jamais tant d'ardeur

N'a regné dans mon ame,
Je n'aime que vous.

### HORTENSE.

Que ce mot est doux !
Que ma joye est extrême !
Vôtre cœur vient de s'enflammer.
Quoi ! mes yeux ont pû vous charmer
Ah ! puissiez-vous toûjours m'aimer.
M'aimer.
Toûjours de même.

*bis.*

AIR. *Bouchez Nayades vos fontaines.*

J'entends du bruit,

### LE VENERABLE.

Ah ! chére Hortense,
Rassurez-vous sur ma puissance ;
Envain, les freres contre vous...

### HORTENSE.

Ne craignons rien, c'est mon escorte.
Nous appaiserons leurs couroux,
Par les présens qu'on leur apporte.

# PARODIE.

## SCENE VII.

LE VENERABLE, HORTENSE, MARINE, *suite d'Hortense, portant des corbeilles pleines de fleurs & de nœuds de rubans.*

#### HORTENSE.

Air. *A l'ombre de ce verd bocage.*

Avez-vous rempli mes demandes ?
#### MARINE.
Oui, belle Hortense, les voilà,
Mais nous n'avons pas de guirlandes,
On a tout pris à l'Opéra,
Pour enchanter les Amazones :
Oziris en vainqueur malin
En employe quinze mille aulnes,
Dont on forme un grand baldaquin.

(*On entend du bruit.*)

## SCENE VIII. & derniere.

LE VENERABLE, HORTENSE, suite d'Hortense, les deux Surveillans, troupe de Francs-Maçons, armés de petits sceaux.

#### LE VENERABLE.

AIR. *O vous puissant Jupin.*

Ciel on vient en ces lieux !
Je vois, furieux
Vôtre projet affreux.

#### LE PREMIER SURVEILLANT.

Avançons braves Compagnons,
Suivons les leçons
De nos anciens Maçons
Rappellez vos sermens,
Qu'en ces instans.

#### LE VENERABLE, *en les arrêtant.*

AIR. *Comme v'la qu'est fait.*

Quoi vous oseriez téméraires

#### HORTENSE.

Je vais appaiser leurs fureurs.
*à sa suite.*

Vous, que l'on porte à tous les freres,
Nos petits présens & nos fleurs,

# PARODIE.

Qu'un nœud de rubans les enchaîne,
Remplissons d'ambre la maison.

*Les femmes donnent aux hommes des nœu's d'épée &c.*

### LE SECOND SURVEILLANT.

Ma foi pour calmer nôtre haîne,
Vous prenez la bonne façon :
Oh que ça sent bon.

*Tout le Chœur.*

Oh que ça sent bon.

### LE SECOND SURVEILLANT.

AIR. *De tout temps le jardinage.*

Oui, sous votre heureux empire,
Malgré nous tout nous attire,
L'Amour dicte vos accens,
Vos yeux brillent de ses flammes,
Et pour enchanter nos âmes,
Vous sçavez charmer nos sens.

### LE PREMIER SURVEILLANT.

AIR. *La Bourgogne.*

Quoi, de pareilles miséres
Pourroient tous vous arrêter.
Eh bien ! je vais seul mes freres.

### LE VENERABLE.

C'est trop enfin m'insulter,
Je vais bientôt punir, traitre,

Ton impertinent fracas,
En qualité de grand maître,
Je te bannis du repas.

### LE PREMIER SURVEILLANT.

Quel arrêt ! le repentir
A mon courroux succéde ;
Vous sçavez trop bien punir :
Oui, Maître, à votre désir,
Je céde, je céde, je céde.

### LE VENERABLE.

Air. *De tous les Capucins du monde.*

Enfin, vous l'emportez, Hortense,
Formons une heureuse aliance,
Que votre suite pour jamais
Vienne s'unir avec nos freres,
Et que les femmes désormais
Soient admises à nos mystères.

### FIN.

*Cette Parodie est terminée par un Ballet, dont la musique est prise dans l'acte même que l'on a eu dessein de parodier. Il commence par une marche dansante, dans laquelle les hommes s'unissent avec les femmes. Cette marche est suivie d'un pas de deux, qui forme par lui-même tout le plan & l'intrigue de la Piéce. Une femme veut attendrir un homme qui lui résiste d'abord & qui lui céde à la fin. Le corps du Ballet qui succede au pas de deux, aussi-bien que la contredanse connuë vulgairement sous le nom des oiseaux, acheve de marquer l'union des Francs-maçons avec les femmes, & le Corégraphe a donné des preuves de son talent en adoptant avec art dans une contredanse très-courte & composée simplement de douze personnes, les figures les plus connues de la maçonnerie.*

## LES FRA-MAÇONNES
### RONDEAU.

N° 1.

Au Rondeau.

N° 2.

# PARODIE

### Nº 3. RONDEAU.

EH, Madame qu'attendez-vous.

FIN.

*Au Rondeau.*

J'Ai lû par l'ordre de Monseigneur le Chancelier un Manuscrit qui a pour titre les *Fra-Maçonnes Parodie*, & je n'y ai rien trouvé qui puisse en empêcher l'impression, à Paris le 4 Septembre 1754. CRÉBILLON.

Le Privilége & l'enregistrement se trouve à la fin du nouveau Recueil des Piéces Nouvelles, qui ont été Représentées sur le Théâtre de l'Opéra Comique.

C ij

# NOUVELLES PIECES DE THEATRE
### détachées, depuis 1747 jusqu'à ce jour.

Piéces in-8°.
  de M. de Boiſſy.
Le Retour de la Paix.
Le Prix du Silence.
La Frivolité, 1753.
La double Extravag. Com.
Le Magnifique, Com. avec un Divert.
Le Miroir, Comédie.
Le Bacha de Smirne, C.
L'Année Merveilleuſe, C.
La Mort de Bucephale.
Le Pot-de-chambre caſſé, T. pour rire, & C. pour pleurer.
Benjamin, ou la reconnoiſſance de Joſeph, Trag.
Mahomet, Tragédie.
Les parfaits Amans, ou les Métamorphoſes, Com.
Alceſte, Divertiſſement.
Les Hommes, Com.-Bal.
Les Femmes, Com.-Bal.
Brioché, Parodie.
L'Amant déguiſé, Parodie.
  Piéces in-12.
Les Petits-Maîtres, Com.
Le Provincial à Paris, C.
Les Fauſſes Inconſtan. C.
La Feinte ſuppoſée, Com.
Caliſte, ou la Belle Pén. T.
Mérope, T. nouv. de M. Climent.
Le Marchand de Londres, Tragédie Bourgeoiſe.
Le Plaiſir, C. avec un D.

Vanda, Reine de Polo. T.
Les Souhaits, Comédie.
Momus Philoſophe, C.
Electre d'Euripide, Trag.
La Partie de Campag. C.
Cénie, Piéce dram. 5 Act.
La Colonie, Comédie.
Le Valet Maître, Com.
La Gageure, Comédie en trois Actes & en Vers lib.
Les Mariages aſſortis, C.
La Coquette fixée, Com.
Le Réveil de Thalie, C.
L'École du monde, Com.
Le Retour de l'Ombre de Moliére, Comédie.
Varon, Tragédie.
Abaillard & Héloïſe, Piéce dramatique.
Les Engagemens indiſ. C.
La Métempſicoſe, Com.
L'École des Peres, Com.
Calliſthène, Tragédie.
Les Courſes de Tempé, Paſtorale.
Guſtave, Tragédie.
La Métromanie, Com.
L'Héritier généreux, C.
L'Amante ingénieuſe, C.
La Fauſſe Prévention, C
Les Veuves, Comédie. A
Les Adieux du Goût, C.
Le Retour du Goût, C.
La Campagne.
Les Lacedemoniennes.

Les Lettres de la Grenouilliere *de M. Vadé.*
La Pipe cassée, Poëme, *du même*
Les Bouquets, *du même.*

## OPERA-COMIQUES NOUVEAUX *depuis 1752.*

La Fileuse, *Parodie.* ⎫
Le Poirier. ⎪
Le Bouquet du ROI. ⎪
Le Suffisant. ⎬ Par *M. Vadé.*
Les Troqueurs & le Rien, *Parodies.* ⎪
Airs choisis des Troqueurs. ⎪
Le Recueil de Chansons avec la Musiq. ⎪
Le Trompeur Trompé. ⎪
Il étoit têms, *Parodie.* ⎭

La Coupe Enchantée. ⎫
Les Filles. ⎬ Par Messieurs de la Valette.
L'École des Tuteurs. ⎭
La Péruvienne.
La Magie inutile.
Le Retour favorable.
Le Miroir magique.
Le Rossignol.
Autre Rossignol.
La Rose, ou les Fêtes de
  l'Hymen.
Le Calendrier des Vieillard.
Le Monde Renversé.
Les Boulevards.
Le Plaisir & l'Innocence.
Bertolde à la Ville.
L'heurereux accord.
Les Fra-Maçonnes.
L'Impromptu des Halles.
L'amour au Village.

www.ingramcontent.com/pod-product-compliance
Lightning Source LLC
Chambersburg PA
CBHW060513050426
42451CB00009B/967